PAWB A PHOPETH

Welsh-English Picture Dictionary

Valériane Leblond

Cynnwys • *cuhn-oi-s* • Contents

Rhifau / Numbers	1
Lliwiau / Colours	2
Siapiau / Shapes	3
Misoedd / Months	4
Tymhorau / Seasons	5
Y Tywydd / Weather	6
Dillad / Clothes	7
Geiriau Croes / Opposites	8
Y Corff / The Body	10
Yr Wyneb / The Face	11
Teulu / Family	12
Anifeiliaid Anwes / Pets	13
Ystafell Wely / Bedroom	14
Ystafell Ymolchi / Bathroom	15
Lolfa / Living Room	16
Cegin / Kitchen	17
Ffrwythau a Llysiau / Fruit and Vegetables	18
Diodydd / Drinks	19
Bwyd / Food	20
Gardd / Garden	22
Gweithdy / Workshop	23
Cartrefi a Ffyrdd / Homes and Roads	24
Adeiladau / Buildings	25
Teithio / Travelling	26
Swyddi / Jobs	27
Chwaraeon / Sports	28
Hamdden / Leisure	29
Offerynnau / Musical Instruments	30
Lles / Well-being	31
Ysgol / School	32
Parc / Park	33
Byd Natur / Nature	34
Fferm / Farm	35
Anifeiliaid Bach / Small Animals	36
Anifeiliaid Mawr / Large Animals	37
Traeth / Beach	38
Môr / Sea	39
Y Gofod / Space	40
Geirfa / Word List	41

Rhifau · _rheev-ahee_ · Numbers

un
een
one

dau
dahee
two

tri
tree
three

pedwar
ped-oowar
four

pump
pimp
five

chwech
choo-eh-ch
six

saith
saheeth
seven

wyth
oiythh
eight

naw
nahoow
nine

deg
dehg
ten

un deg un
een dehg een
eleven

un deg dau
een dehg dahee
twelve

Lliwiau · _llchew_-ee-eye · Colours

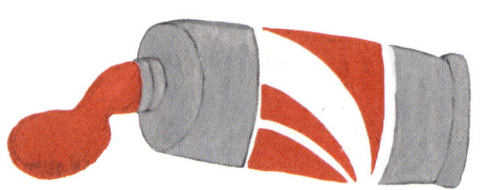

coch
kohkch
red

oren
ohr-ehn
orange

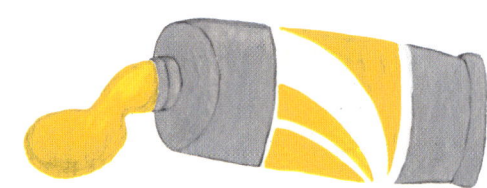

melyn
meh-lin
yellow

gwyrdd
goow-eerth
green

gwyrddlas
goow-eerth-lahss
turquoise

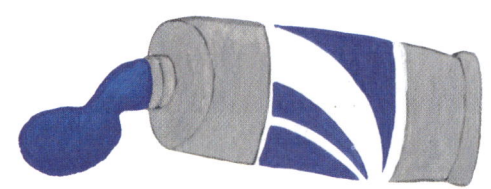

glas
glahss
blue

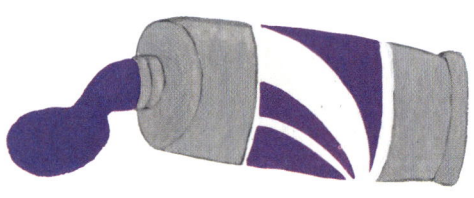

porffor
pohr-for
purple

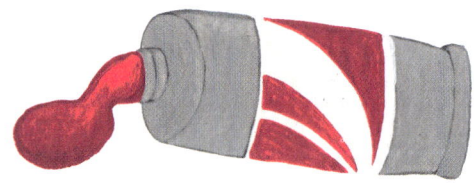

pinc
pink
pink

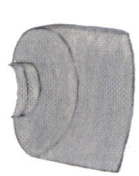

gwyn
gwin
white

brown
brohoown
brown

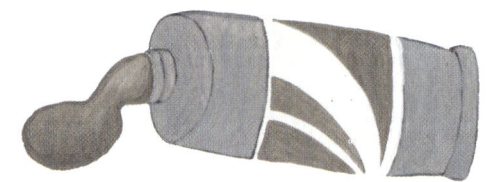

llwyd
llchoow-eed
grey

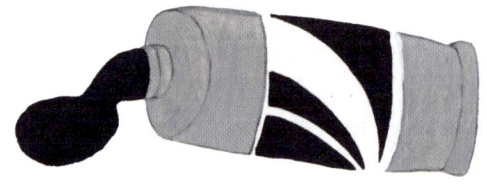

du
dee
black

Siapau · *shap-ee-eye* · Shapes

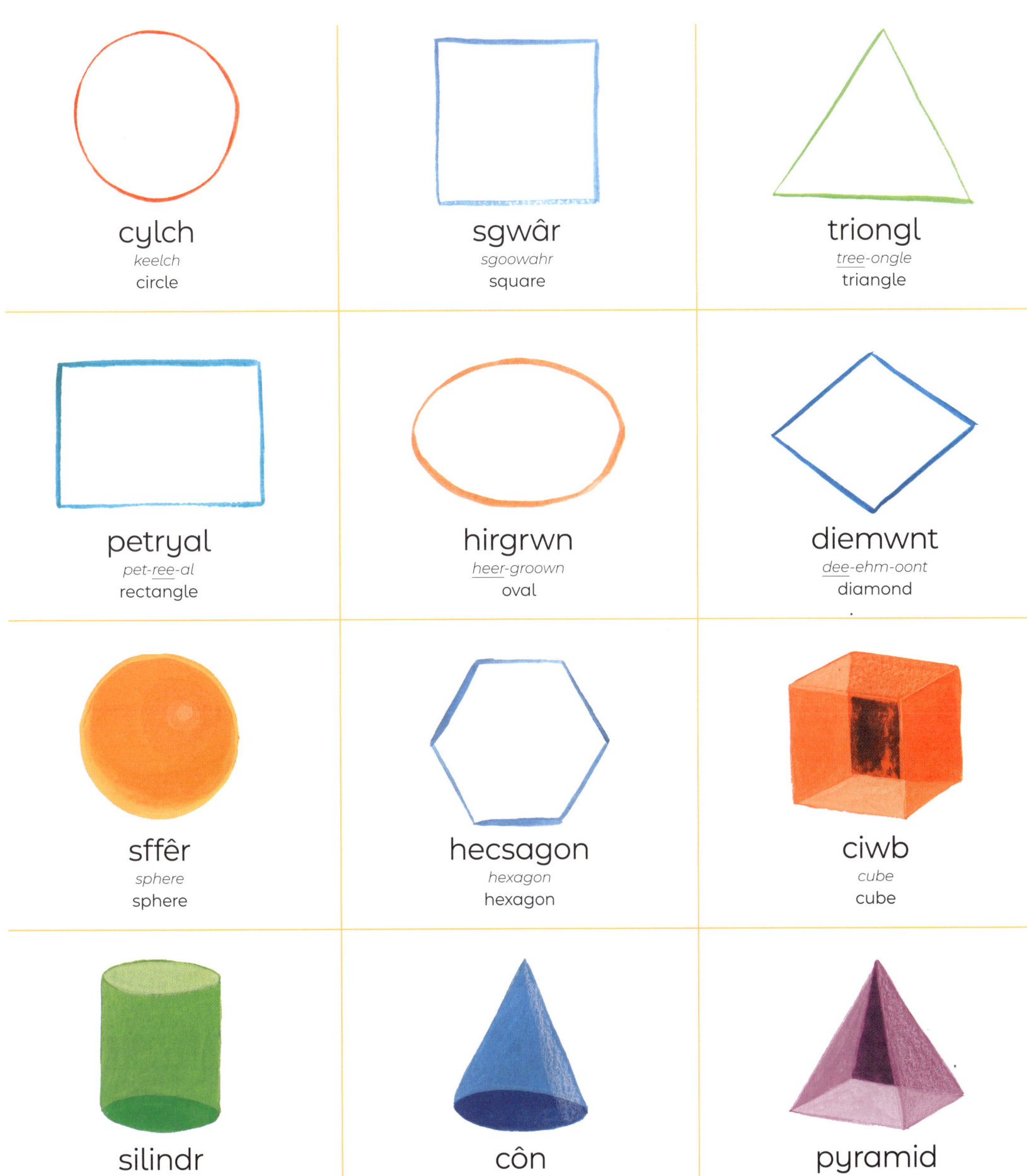

cylch *keelch* circle	**sgwâr** *sgoowahr* square	**triongl** *tree-ongle* triangle
petryal *pet-ree-al* rectangle	**hirgrwn** *heer-groown* oval	**diemwnt** *dee-ehm-oont* diamond
sffêr *sphere* sphere	**hecsagon** *hexagon* hexagon	**ciwb** *cube* cube
silindr *cylinder* cylinder	**côn** *cone* cone	**pyramid** *pyramid* pyramid

Misoedd · *mees-oyth* · Months

Ionawr
yon-ahoowr
January

Chwefror
kchooehv-rohr
February

Mawrth
mahoorth
March

Ebrill
ehbr-eellch
April

Mai
mahee
May

Mehefin
meh-hehv-een
June

Gorffennaf
gohrf-ehn-ahv
July

Awst
ahoost
August

Medi
meh-dee
September

Hydref
huhd-rev
October

Tachwedd
tahkck-ooeth
November

Rhagfyr
rhahg-veer
December

Tymhorau · *tuhm-<u>hohr</u>-eye* · Seasons

gaeaf
gay-ahv
winter

gwanwyn
gooahn-ooeen
spring

haf
hahv
summer

hydref
huhd-rev
autumn

Y Tywydd · *uh tuhow-eth* · The Weather

heulog
hey-log
sunny

rhewllyd
r-hehw-llchid
freezing

enfys
ehn-viss
rainbow

niwlog
nee-oowl-og
foggy

mellt
mellcht
lightning

cymylog
come-uhl-log
cloudy

bwrw glaw
boo-roo glahoow
raining

gwyntog
goowent-og
windy

eira
eyer-ah
snow

poeth
poheeth
hot

oer
oi-eer
cold

gwlyb
goow-leeb
wet

Dillad • _dillch-ad_ • Clothes

esgidiau
eh-skid-ee-eye
shoes

sanau
san-eye
socks

het
het
hat

crys-T
crease tee
T-shirt

trowsus
trousers
trousers

menig
men-ig
gloves

cot / côt
cot / coat
coat

ffrog
frog
dress

sgarff
scarf
scarf

siwmper
shoowm-pehr
jumper

sgert
sgehrt
skirt

dillad isaf
dillch-ad-ees-ahv
underwear

Geiriau Croes • _geheer-ee-eye kroys_ • Opposites

bach
bach
small

byr
bir
short

gwag
goowahg
empty

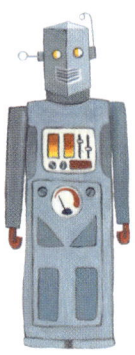

mawr
mahoowr
big

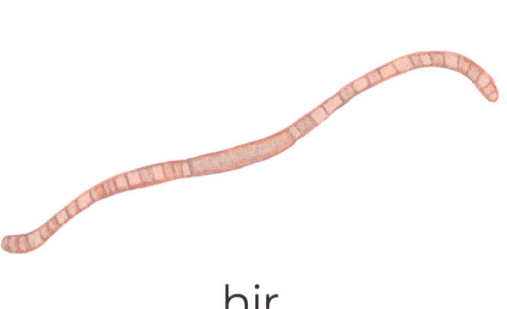

hir
heer
long

llawn
llchahoown
full

hen
hehn
old

cyflym
kuv-leem
fast

tawel
ta-wel
quiet

newydd
nehoow-ith
new

araf
ahr-av
slow

swnllyd
soon-llcheed
loud

da
good
good

hapus
hah-pis
happy

cyfeillgar
kuhv-eyllch-gar
friendly

drwg
droog
bad

trist
treest
sad

cas / blin
kahs / bleen
mean

hardd
harth
beautiful

glân
glahn
clean

taclus
tack-liss
tidy

hyll
heellch
ugly

brwnt / budr
broont / beed-er
dirty

blêr
blair
messy

Y Corff • *uh kohrph* • The Body

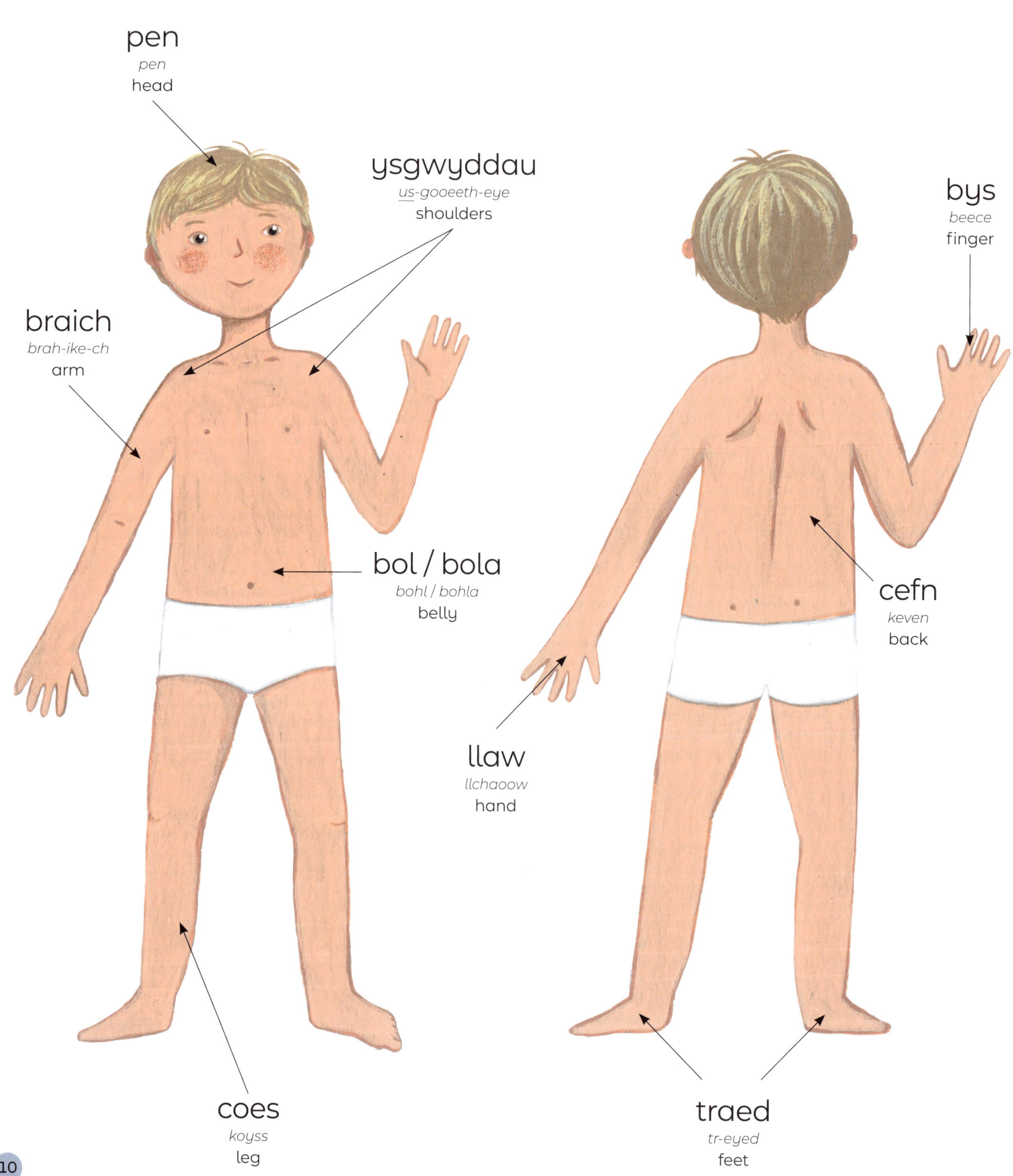

Yr Wyneb • *uhr ooween-eb* • The Face

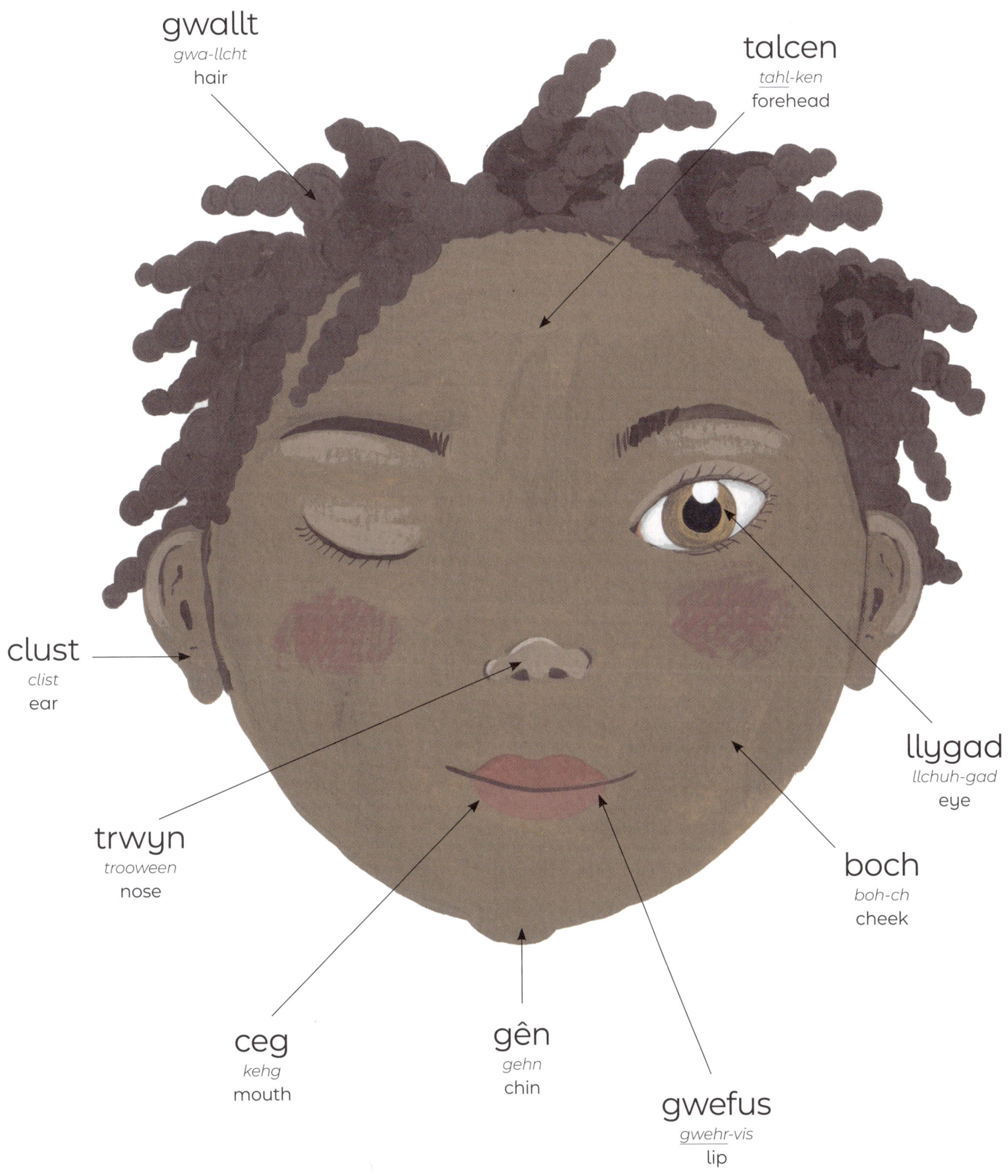

gwallt / *gwa-llcht* / hair

talcen / *tahl-ken* / forehead

clust / *clist* / ear

llygad / *llchuh-gad* / eye

trwyn / *trooween* / nose

boch / *boh-ch* / cheek

ceg / *kehg* / mouth

gên / *gehn* / chin

gwefus / *gwehr-vis* / lip

Teulu · _tay_-lee · Family

mam
mam
mother

merch
mehrkch
daughter

gwraig
goowraeeg
wife

gŵr
goor
husband

tad-cu / taid
tad-kee / _tied_
grandfather

ŵyr
ooer
grandson

tad
tahd
father

mab
mahb
son

modryb
moh-dribb
aunt

ewythr
eoow-ee-ther
uncle

mam-gu / nain
mam-ghee / _nine_
grandmother

wyres
ooer-ess
granddaughter

chwaer
kchooah-eer
sister

brawd
broud
brother

rhieni
rhe-ehn-ee
parents

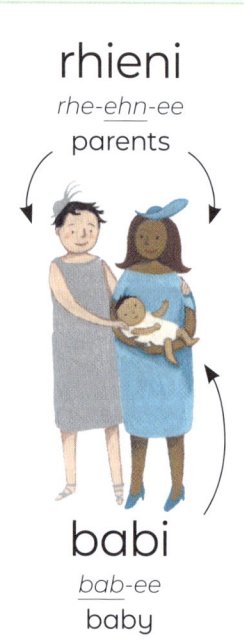

babi
bab-ee
baby

cefnder
kevn-der
cousin (male)

cyfnither
kuhv-neeth-her
cousin (female)

Anifeiliaid Anwes • ahn-ee-<u>veil</u>-ee-eyed <u>ahn</u>-oowehss • Pets

ci
key
dog

cath
kahth
cat

cwningen
coown-<u>eeng</u>-enn
rabbit

mochyn cwta
<u>mohkch</u>-in <u>coot</u>-ah
guinea pig

bochdew
<u>bohkch</u>-dehw
hamster

aderyn
ah-<u>dare</u>-in
bird

pysgodyn trofannol
puhs-<u>god</u>-inn troh-<u>van</u>-ohl
tropical fish

pysgodyn aur
puhs-<u>god</u>-inn eye-r
goldfish

llygoden
llchuh-<u>god</u>-en
mouse

neidr
<u>neigh</u>-dir
snake

basged
<u>bas</u>-ged
basket

milfeddyg
meal-<u>vehth</u>-ig
vet

Ystafell Wely • uh-stah-vellth oow-eh-lee • Bedroom

gwely
goow-eh-lee
bed

cist ddroriau
keest throh-re-eye
chest of drawers

cloc larwm
klok lah-roowm
alarm clock

cwpwrdd dillad
coop-oorth dillch-ad
wardrobe

pyjamas
pyjamas
pyjamas

gŵn nos / coban
goown nohs / koh-ban
nightdress

lamp
lamp
lamp

bwrdd ochr gwely
boowrth ohchr goow-eh-lee
bedside table

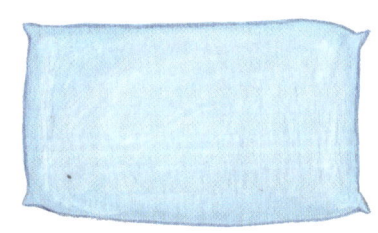

clustog
clist-og
pillow

sliperi
slip-air-ree
slippers

ffenest
fen-est
window

cysgu
cus-gee
to sleep

Ystafell Ymolchi • *uh-stah-vellth um-ohl-key* • Bathroom

bath
bath
bath

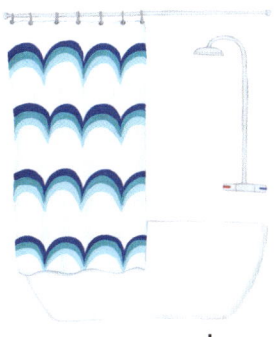

cawod
cow-odd
shower

tŷ bach
tee bach
toilet

sebon
seh-bon
soap

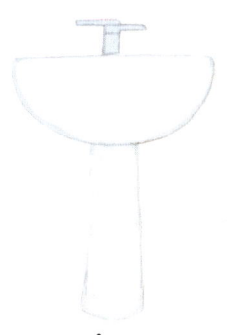

sinc
sink
sink

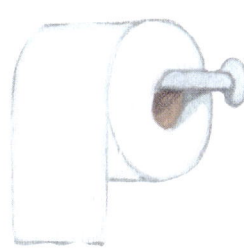

papur tŷ bach
pap-ihr tee bach
toilet paper

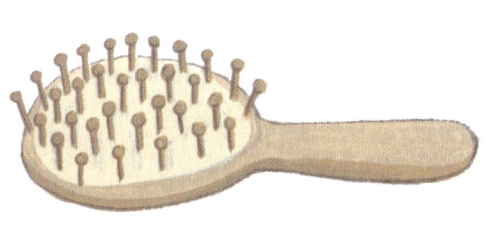

brwsh gwallt
broowsh goow-allcht
hairbrush

drych
dreehkch
mirror

tywel / lliain
tuh-well / llch-ee-aheen
towel

brwsh dannedd
broowsh dan-eth
toothbrush

past dannedd
pahst dan-eth
toothpaste

ymolchi
um-ohl-key
to wash

Lolfa • *lol-vah* • Living Room

llun
llcheen
picture

teledu
tell-eh-dee
television

golau
gol-eye
light

consol
kon-sohl
console

teclyn teledu
tech-linn tell-eh-dee
remote control

blwch teganau
bloowhkch teh-gan-eye
toy box

bwrdd coffi
boowrth coffee
coffee table

silff lyfrau
silf-luhv-rye
bookshelf

lle tân
lleh tahn
fireplace

planhigyn
plan-heeg-in
plant

cadair freichiau
kah-dire vreheek-ee-eye
armchair

soffa
sofa
sofa

Cegin · *ceh-ghin* · Kitchen

llwy
llchoowoi
spoon

fforc
fohrk
fork

cyllell
kuhll-cheh-llch
knife

tegell
teh-gehllth
kettle

gwydryn
goow-eed-rin
glass

plât
pl-aht
plate

sosban
sos-ban
saucepan

ffwrn
foorn
oven

cwpwrdd
coop-oorth
cupboard

oergell
oi-err-gehl-llth
fridge

bord / bwrdd
bohrd / boowrth
table

peiriant golchi
pay-reeahnt gohlch-ee
washing machine

Ffrwythau a Llysiau · <u>froyth</u>-eye a <u>llch</u>-<u>uss</u>-ee-eye
Fruit and Vegetables

pys
peace
peas

moron
<u>mohr</u>-on
carrots

brocoli
broccoli
broccoli

tatws
<u>tah</u>-tooss
potatoes

letysen
lett-<u>us</u>-ehn
lettuce

cenhinen
ken-<u>hin</u>-en
leek

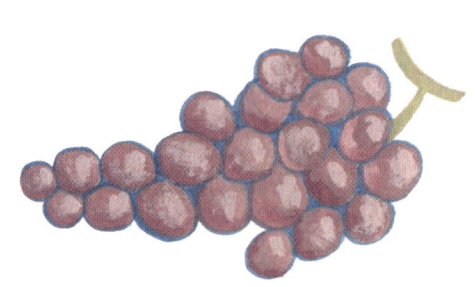

grawnwin
<u>grahoown</u>-ooween
grapes

mefus
<u>mehv</u>-iss
strawberries

tomato
tomato
tomato

afal
<u>ahv</u>-ahl
apple

banana
banana
banana

oren
<u>ohr</u>-ehn
orange

Diodydd • *dee-od-ith* • Drinks

sudd oren
seethe ohr-en
orange juice

dŵr
doowr
water

cwpan a gwelltyn
coop-ahn ah gwellcht-in
cup and straw

lemonêd
lemon-ehd
lemonade

llaeth / llefrith
llchah-eeth / llcheh-vreeth
milk

siwgr
shoowg-oor
sugar

mwg
muhg
mug

tebot
teh-bot
teapot

te
teh
tea

pot coffi
pot coffee
coffee pot

siocled poeth
shock-led poheeth
hot chocolate

yfed
uh-vehd
to drink

19

Bwyd · *boowyd* · Food

caws
cow-ss
cheese

olew
ohl-ehoow
oil

blawd
blahood
flour

bara
bah-ra
bread

menyn
men-in
butter

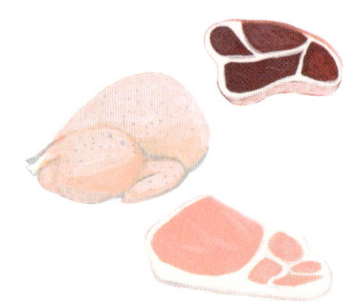

cig
keeg
meat

reis
rayce
rice

pasta
pasta
pasta

pysgod
puhs-gohd
fish

wyau
oowee-eye
eggs

cawl
cow-l
soup

bwyd môr
boowyd more
seafood

brechdan
brehkch-dan
sandwich

salad
salad
salad

siocled
shock-led
chocolate

teisen / cacen
tay-sen / kak-en
cake

hufen iâ
heeve-en yah
ice cream

bisgedi
bisk-ehd-ee
biscuits

mêl
meh-l
honey

sos
sauce
sauce

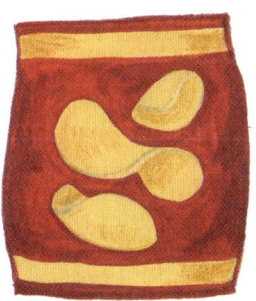
creision
kroy-shone
crisps

pizza
pizza
pizza

sglodion
sglohd-eeon
chips

bwyta
boowy-tah
to eat

Gardd • *gahrth* • Garden

gardd lysiau
gahrth lush-ee-eye
vegetable garden

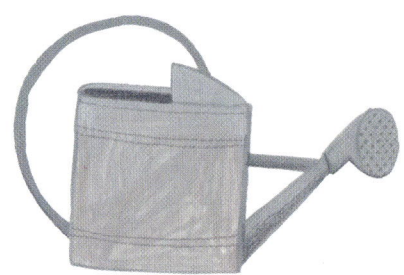
can dyfrio
can duhvr-ee-oh
watering can

pibell ddŵr
pee-behllth thoowr
hosepipe

rhaw
rhahoow
spade

esgidiau glaw
eh-skid-ee-eye glahoow
wellies

berfa
behr-vah
wheelbarrow

sied
shed
shed

tŷ gwydr
tee gwid-eer
greenhouse

bin ailgylchu
bin aheel-gulhkch-ee
recycling bin

blwch nythu
bloowch nuhth-ee
nesting box

brân
brah-n
crow

garddio
gahrth-ee-oh
gardening

22

Gweithdy · gwoo-<u>ayth</u>-dee · Workshop

ysgol
<u>uhsg</u>-ohl
ladder

saer
sire
carpenter

tâp mesur
tahp <u>meh</u>-seerr
tape measure

morthwyl
<u>mohrth</u>-ooweel
hammer

hoelen
<u>hoil</u>-en
nail

sgriw
screw
screw

llif
llcheev
saw

pot paent
pot pint
paint pot

brwsh paent
broowsh pint
paintbrush

ffedog
<u>fed</u>-og
apron

can olew
can <u>oh</u>-lew
oilcan

bocs tŵls
box tools
toolbox

Cartrefi a Ffyrdd • *cahr-trev-ee ah phirth* • Homes and roads

tŷ
tee
house

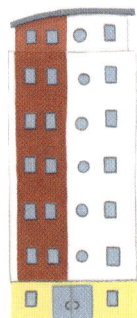
fflat
flat
flat

castell
cast-ellch
castle

bwthyn
buhth-in
cottage

tŷ pâr
tee par
semi-detached house

tai teras
tie ter-ass
terraced houses

carafán
kahr-ah-van
caravan

iwrt
yurt
yurt

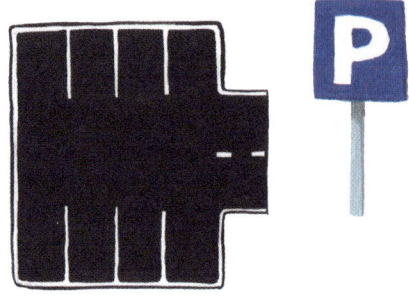
maes parcio
mice park-ee-oh
car park

goleuadau traffig
goh-ley-ahd-eye trah-fig
traffic lights

ffordd
fore-th
road

arwyddbost
ahr-ooeeth-bohst
signpost

Adeiladau · add-ay-lad-eye · Buildings

llyfrgell
llchuhvr-gellch
library

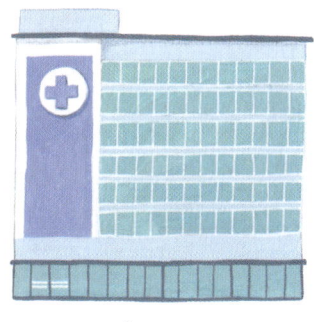

ysbyty
uhs-buh-tee
hospital

caffi
cah-fee
café

amgueddfa
am-gee-eth-va
museum

sinema
cinema
cinema

fferyllfa
fehr-uhll-vah
pharmacy

gorsaf dân
gohr-sahv dahn
fire station

siop flodau
shop vlohd-eye
florist

pwll nofio
puh-llth noh-vee-oh
swimming pool

marchnad
marhkch-nad
market

salon trin gwallt
sal-on treen gwa-llcht
hairdressers' salon

gorsaf drenau
gohr-sahv drehn-eye
train station

Teithio • *tayth-eeoh* • Travelling

awyren
ah-oow-uhr-en
aeroplane

hofrenydd
hohv-ren-eeth
helicopter

balŵn aer poeth
balloon eye-r poheeth
hot air balloon

jac codi baw
jack koh-dee ba-ow
digger

beic modur
bake moh-dir
motorbike

car
car
car

injan dân
een-jan dahn
fire engine

lorri
lorry
lorry

cwch
koowch
boat

trên
trehn
train

fferi
ferry
ferry

bws
boows
bus

Swyddi • *sooee-thee* • Jobs

mecanig
me-can-ig
mechanic

adeiladwr
ad-eh-lad-oowr
builder

codiwr
code-eeoowr
coder

gwyddonydd
goowith-on-ith
scientist

diffoddwr tân
uhm-lahth-oowr tahn
firefighter

pensaer
pen-sire
architect

awdur
aoow-dir
author

athro / athrawes
ah-throh / ah-thrah-wess
teacher (male / female)

seren bop
sehr-enn bop
pop star

dyfarnwr
duhv-ahrn-oowr
referee

meddyg
mehth-eeg
doctor

cogydd
cog-ith
cook

Chwaraeon • kchwa-ray-on • Sports

syrffio
surf-ee-oh
surfing

rhedeg
rhehd-egg
running

sgio
ski-oh
skiing

criced
crick-ehd
cricket

pêl-droed
pehl-droid
football

jiwdo
judo
judo

athletau
ahth-let-eye
athletics

rygbi
rugby
rugby

tennis
tennis
tennis

pêl-fasged
pehl vahs-gehd
basketball

beicio
bake-eeoh
cycling

gymnasteg
gym-nass-tegg
gymnastics

28

Hamdden • *ham-then* • Leisure

coginio
cog-in-eeoh
cooking

peintio
paint-eeoh
painting

gwisgo lan
gwisg-oh lan
dressing up

bowlio
bowl-eeoh
bowling

ysgrifennu stori
uhs-griv-en-ee stor-ee
writing a story

dawnsio
down-see-oh
dancing

dringo
dring-oh
climbing

canŵio
canoe-eeoh
canoeing

marchogaeth
mahr-kchohg-eye-th
horse riding

gemau cyfrifiadur
gehm-eye kuhv-reev-eeahd-eer
computer games

gwneud posau jig-so
goohn-aid pohss-eye jig-saw
doing jig-saw puzzles

gemau bwrdd
gehm-eye boowrth
board games

Offerynnau Cerdd • opher-<u>uhn</u>-eye kehr-th • Musical Instruments

clarinet
clarinet
clarinet

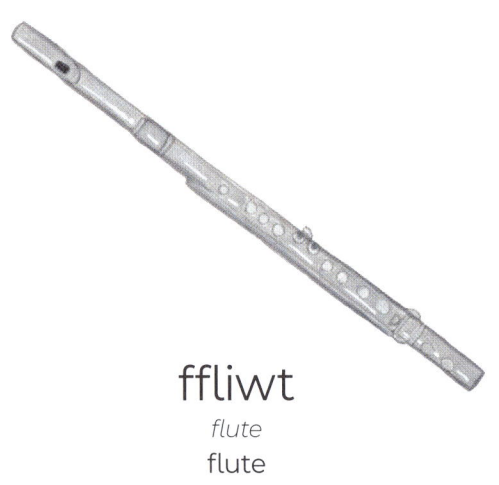

ffliwt
flute
flute

sacsoffon
saxophone
saxophone

corn Ffrengig
cohrn <u>freng</u>-ig
French horn

trwmped
<u>troomp</u>-ed
trumpet

feiolin
violin
violin

iwcalili
ukulele
ukelele

gitâr
guitar
guitar

drymiau
<u>druhm</u>-ee-eye
drums

allweddell
ahllch-weth-ehllch
keyboard

telyn
<u>tehl</u>-in
harp

piano
piano
piano

Lles · *llchess* · Well-being

myfyrio
muv-urr-ee-oh
meditation

ymlacio
uhm-lack-eeoh
relaxing

ymarfer corff
uhm-ahr-ver korph
exercise

anadlu'n ddwfn
ahn-add-leen thoovn
breathing deeply

siarad â ffrind
shahr-add ah frind
talking to a friend

darllen
dar-llchen
reading

chwerthin
kchwair-thin
laughing

gwylio'r teledu / ffilm
gooeel-eeohr tell-eh-dee / film
watching tv / a film

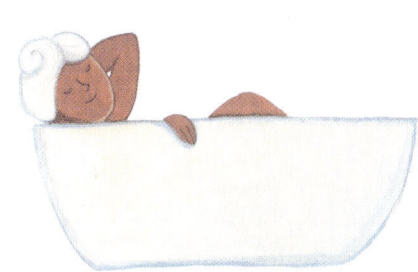

cael bath
kile bath
having a bath

canu
can-ee
singing

ioga
yoga
yoga

cwtsh
koowtsh
big hug

Ysgol · *uhs-gohl* · School

bocs llyfrau
box llchuhv-rye
book box

siswrn
see-shoowrn
scissors

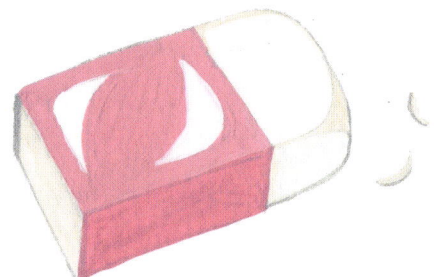

rwber
roo-behr
rubber

cas pensiliau
cahs pen-sill-ee-eye
pencil case

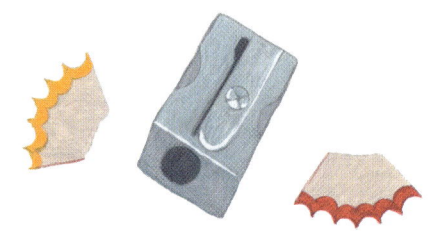

naddwr
nath-oor
sharpener

pensil lliw
pen-sill llchoow
coloured pencil

llyfr ysgrifennu
llchuh-vir uhs-griv-en-ee
writing book

geiriadur
gayr-yad-eer
dictionary

papur
pap-ihr
paper

bag ysgol
bag uhs-gohl
school bag

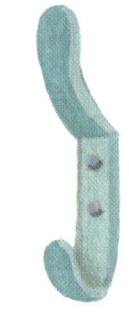

peg cotiau
peg cot-ee-eye
coat peg

buarth
bee-ahrth
yard

Parc • *pahrk* • Park

 **llyn** *llch-inn* lake	 **coeden** *koy-den* tree	 **gwiwer goch** *goowee-wehr gohkch* red squirrel
 **llithren** *llch-ith-ren* slide	 **bwrdd picnic** *boowrth picnic* picnic table	 **bin sbwriel** *bin sboor-ee-el* rubbish bin
 **siglen** *sig-len* swing	 **mainc** *mine-ck* bench	 **mynd am dro** *mynd ahm droh* go for a walk
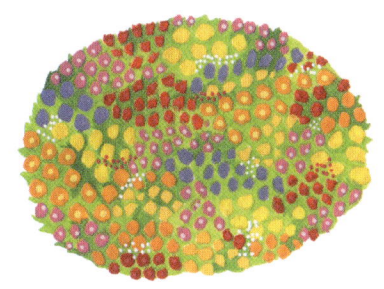 **blodau** *blohd-eye* flowers	 **eistedd** *eye-steth* to sit	 **cerdded** *kehrth-ed* to walk

Byd Natur • *bead <u>nat</u>-eer* • Nature

moch y coed
<u>mohkch</u> uh koyd
pine-cones

madarchen
mad-<u>ar</u>-kch-en
mushroom

blodyn
<u>blohd</u>-in
flower

deilen
<u>day</u>-len
leaf

mynydd
<u>mun</u>-eehth
mountain

afon
<u>ahv</u>-on
river

gwe
ghooeh
web

carw
<u>car</u>-oow
deer

gwdihŵ / tylluan
goody-<u>hoo</u> / tuh-<u>llee</u>-ann
owl

dant y llew
dant uh <u>llch</u>-air-oo
dandelion

cadno / llwynog
<u>cad</u>-no / llchooween-ogg
fox

draenog
<u>dray</u>-nogg
hedgehog

Fferm • *fehrm* • Farm

ysgubor
uhsg-eeb-ohr
barn

buwch
beeoowkch
cow

ffermwr / ffermwraig
fehrm-oowr / fehrm-oor-eye-gg
farmer

mochyn
mohkch-in
pig

bwgan brain
boo-gahn-bra-een
scarecrow

tractor
tractor
tractor

cyw
kew
chick

iâr
y-ar
hen

hwyaden
hoowee-ah-den
duck

ceffyl
keh-fil
horse

dafad
dah-vad
sheep

gafr
gahvr
goat

Anifeiliaid Bach • ahn-ee-<u>veil</u>-ee-eyed bach • Small Animals

pilipala
pill-ee-pah-la
butterfly

buwch goch gota
beeoowkch gohkch got-ah
ladybird

morgrugyn
mohr-greeg-inn
ant

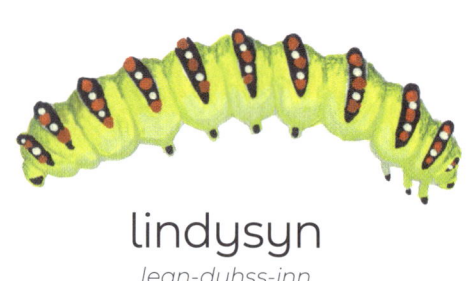

lindysyn
lean-duhss-inn
caterpillar

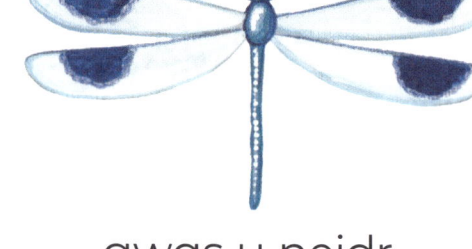

gwas y neidr
gooahs uh neigh-deer
dragonfly

gwenynen
ghooehn-uhn-enn
bee

chwilen
kchooeel-enn
beetle

corryn / pryf cop
kohr-inn / preev cop
spider

malwoden
mahl-woh-den
snail

cacynen
cack-uhn-enn
wasp

ystlum
uhst-limm
bat

broga
broh-gah
frog

Anifeiliaid Mawr • *ahn-ee-veil-ee-eyed mahoor* • Large Animals

llew
llche-oow
lion

teigr
tay-gr
tiger

sebra
zebra
zebra

jiráff
giraffe
giraffe

rhino
rhino
rhinoceros

paun
paheen
peacock

arth wen
ahrth ooehn
polar bear

mwnci
moon-key
monkey

panda
panda
panda

eliffant
elephant
elephant

crocodeil
crocodile
crocodile

hipo
hippo
hippo

Traeth · *tr-eye-th* · Beach

cwch hwylio
koowch hooweel-ee-oh
sailing boat

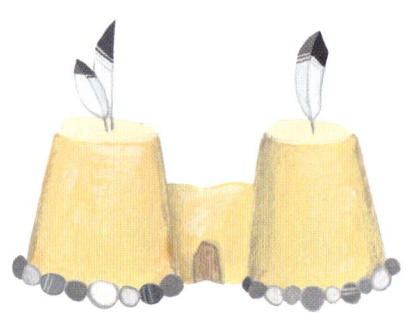

castell tywod
cast-ellch tow-od
sand castle

goleudy
gohl-ehee-dee
lighthouse

bwced
book-ed
bucket

rhaw
rhahoow
spade

achubwr bywyd
akch-ee-boowr buhoow-id
lifeguard

cragen
krah-gehn
shell

gwymon
goowee-monn
seaweed

ton
tohn
wave

eli haul
ellie hi-eel
suncream

ymbarél haul
um-bah-rell hi-eel
sun umbrella

sbectol haul
speck-tol hi-eel
sunglasses

Môr • *mohr* • Sea

dolffin
dolphin
dolphin

cimwch
kee-moowch
lobster

pysgodyn
puhs-god-inn
fish

siarc
shark
shark

octopws
octopus
octopus

morlo
mohr-law
seal

morfil
mohr-veel
whale

môr-lawes
mhor-lahoow-ess
squid

crwban
crooh-ban
turtle

cranc
crank
crab

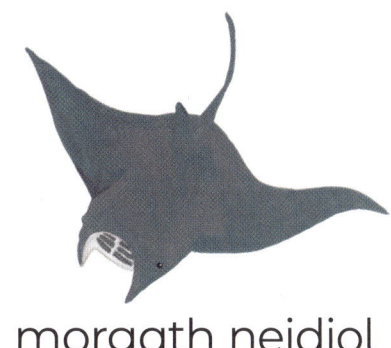

morgath neidiol
mohr-gahth nay-dee-ohl
manta ray

slefren fôr
slehv-rehn vohr
jellyfish

Y Gofod • uh goh-vod • Space

yr haul
uhr hi-eel
the sun

llong ofod
llchohng oh-vod
spaceship

lloeren
llchoi-ren
satellite

y Ddaear
uh they-ahr
the Earth

planed
plan-ed
planet

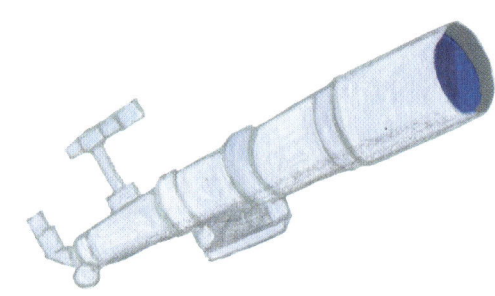
telesgop
telescope
telescope

y Lleuad
uh llche-yad
the moon

seren
sehr-enn
star

estronwr
es-tron-oor
alien

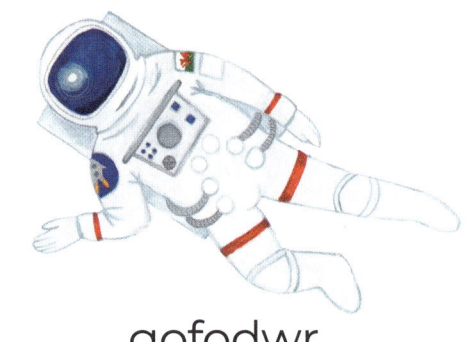
gofodwr
goh-vod-oowr
astronaut

sêr
sehr
stars

roced
rock-ed
rocket

Geirfa · *gair-vah* · Word List

Cymraeg > Saesneg

A
achubwr bywyd lifeguard
adeiladau buildings
adeiladwr builder
adeg y dydd time of the day
aderyn bird
afal apple
***afon** river
allweddell keyboard
***amgueddfa** museum
anadlu'n ddwfn breathing deeply
anifeiliaid anwes pets
anifeiliaid bach small animals
anifeiliaid mawr big animals
araf slow
***arth wen** polar bear
arwyddbost signpost
athletau athletics
***athrawes** teacher
athro teacher
awdur author
Awst August
***awyren** aeroplane

B
babi baby
bach small
bag ysgol school bag
balŵn aer poeth hot air balloon
banana banana
bara bread
***basged** basket
bath bath
beic modur motorbike
beicio cycling
***berfa** wheelbarrow
bin ailgylchu recycling bin
bin sbwriel rubbish bin
bisgedi biscuits
blawd flour
blêr messy
blin mean
blodau flowers
blodyn flower
blwch nythu nesting box
blwch teganau toy box
bocs llyfrau book box
bocs tŵls toolbox
***boch** cheek
bochdew hamster
bol belly
bola belly
***bord** table
bore morning
bowlio bowling
***braich** arm
***brân** crow
brawd brother
***brechdan** sandwich
brocoli broccoli
broga frog
brown brown
brwnt dirty
brwsh dannedd toothbrush
brwsh gwallt hairbrush
brwsh paent paintbrush
buarth yard
***buwch** cow
***buwch goch gota** ladybird
bwced bucket
bwgan brain scarecrow
bwrdd table
bwrdd coffi coffee table
bwrdd ochr gwely bedside table
bwrdd picnic picnic table
bwrw glaw raining
bws bus
bwthyn cottage
bwyd food
bwyd môr seafood
bwyta (to) eat
budr dirty
byd natur nature
byr short
bys finger

C
***cacen** cake
***cacynen** wasp
***cadair freichiau** armchair
cadno fox
cael bath having a bath
caffi café
can dyfrio watering can
canol dydd midday
canol nos midnight
can olew oilcan
canu singing
canŵio canoeing
car car
***carafán** caravan
cartrefi homes
carw deer
cas mean
cas pensiliau pencil case
castell castle
castell tywod sand castle
***cath** cat
cawl soup
***cawod** shower
caws cheese
ceffyl horse
cefn back
cefnder cousin (male)
***ceg** mouth
***cegin** kitchen
***cenhinen** leek
cerdded (to) walk
ci dog
cig meat
cimwch lobster
***cist ddroriau** chest of drawers
ciwb cube
clarinet clarinet
cloc larwm alarm cloc
***clust** ear
clustog pillow
coban nightdress
coch red
codiwr coder
***coeden** tree
***coes** leg
coginio cooking
cogydd cook
côn cone
consol console
corff body
corn Ffrengig French horn
corryn spider
***cot / *côt** coat
***cragen** shell
cranc crab
creision crisps
criced cricket
crocodeil crocodile
crwban turtle
crys-T T-shirt
cwch boat
cwch hwylio sailing boat
***cwningen** rabbit
cwpan cup
cwpwrdd cupboard
cwpwrdd dillad wardrobe
cwtsh cuddle
cyfeillgar friendly
cyflym fast
***cyfnither** cousin (female)
cylch circle
***cyllell** knife
cymylog cloudy
cysgu (to) sleep
cyw chick

Ch
***chwaer** sister
chwarae (to) play
chwaraeon sports
chwech six
Chwefror February
chwerthin laughing
***chwilen** beetle

D–Dd
da good
***dafad** sheep
dant y llew dandelion
darllen reading
dau two
dawnsio dancing
deg ten
***deilen** leaf
diemwnt diamond
diffoddwr tân firefighter

41

dillad clothes
dillad isaf underwear
*****diodydd** drinks
dolffin dolphin
draenog hedgehog
dringo climbing
drwg bad
drych mirror
drymiau drums
du black
dŵr water
dydd day
dydd Gwener Friday
dydd Iau Thursday
dydd Llun Monday
dydd Mawrth Tuesday
dydd Mercher Wednesday
dydd Sadwrn Saturday
dydd Sul Sunday
dyddiau'r wythnos days of the week
dyfarnwr referee
*****Ddaear, y** Earth, the

E–Ff
Ebrill April
eira snow
eistedd (to) sit
eli haul suncream
eliffant elephant
*****enfys** rainbow
esgidiau shoes
esgidiau glaw wellies
estronwr alien
ewythr uncle
*****feiolin** violin
*****ffedog** apron
*****ffenest** window
*****fferi** ferry
*****fferm** farm
ffermwr farmer
*****ffermwraig** farmer
fferyllfa pharmacy
fflat flat
ffliwt flute
*****fforc** fork
*****ffordd** road
*****ffrog** dress
ffrind friend
ffrwythau fruits
*****ffwrn** oven
ffyrdd roads

G
gaeaf winter
*****gafr** goat
*****gardd** garden
*****gardd lysiau** vegetable garden
garddio gardening
geiriadur dictionary
geiriau croes opposite words
gemau bwrdd board games
gemau cyfrifiadur computer games
*****gên** chin
gitâr guitar
glân clean
glas blue

gofod space
gofodwr astronaut
golau light
goleuadau traffig traffic light
goleudy lighthouse
Gorffennaf July
*****gorsaf dân** fire station
*****gorsaf drenau** train station
grawnwin grapes
gwag empty
gwallt hair
gwanwyn spring
gwas y neidr dragonfly
*****gwdihŵ** owl
*****gwe** web
*****gwefus** lip
gweithdy workshop
gwelltyn straw
gwely bed
*****gwenynen** bee
gwisgo lan dressing up
*****gwiwer goch** red squirrel
gwlyb wet
gŵn nos nightdress
gŵr husband
*****gwraig** wife
gwyddonydd scientist
gwydryn glass
gwylio ffilm watch a film
gwylio'r teledu watch TV
gwymon seaweed
gwyn white
gwyntog windy
gwyrdd green
gwyrddlas turquoise
gymnasteg gymnastics

H–L
haf summer
hamdden leisure
hapus happy
hardd beautiful
haul, yr sun, the
hecsagon hexagon
hen old
*****het** hat
heulog sunny
hipo hippopotamus
hir long
hirgrwn oval
*****hoelen** nail
hofrenydd helicopter
hufen iâ ice cream
*****hwyaden** duck
hydref autumn / October
hyll ugly
*****iâr** hen
*****injan dân** fire engine
ioga yoga
Ionawr January
iwcalili ukelele
iwrt yurt
jac codi baw digger
jiráff giraffe
jiwdo judo
*****lamp** lamp

lemonêd lemonade
*****letysen** lettuce
lindysyn caterpillar
*****lolfa** living room
*****lorri** lorry

Ll
llaeth milk
*****llaw** hand
llawn full
lle tân fireplace
llefrith milk
lles well-being
*****Lleuad, y** Moon, the
llew lion
lliain towel
llif saw
llithren slide
lliwiau colours
*****lloeren** satellite
*****llong ofod** spaceship
llun picture
*****llwy** spoon
llwyd grey
llwynog fox
llyfr ysgrifennu writing book
*****llyfrgell** library
*****llygad** eye
*****llygoden** mouse
llyn lake
llysiau vegetables

M
mab son
*****madarchen** mushroom
maes parcio carpark
Mai May
*****mainc** bench
*****malwoden** snail
*****mam** mother
*****mam-gu** grandmother
*****marchnad** market
marchogaeth horse riding
mawr big
Mawrth March
mecanig mechanic
meddyg doctor
Medi September
*****mefus** strawberries
Mehefin June
mêl honey
mellt lightning
melyn yellow
menig gloves
menyn butter
*****merch** daughter
milfeddyg vet
misoedd months
moch y coed pine-cones
mochyn pig
mochyn cwta guinea pig
*****modryb** aunt
môr sea
morfil whale
*****morgath neidiol** manta ray
morgrugyn ant

môr-lawes squid
morlo seal
moron carrots
morthwyl hammer
mwg mug
mwnci monkey
myfyrio meditation
mynd am dro go for a walk
mynydd mountain

N–O
naddwr sharpener
*****nain** grandmother
naw nine
*****neidr** snake
newydd new
naddwr sharpener
niwlog foggy
*****nos** night
*****noswaith** evening
octopws octopus
oer cold
*****oergell** fridge
offerynnau cerdd musical instruments
olew oil
oren orange

P
panda panda
papur paper
papur tŷ bach toilet paper
parc park
past dannedd toothpaste
pasta pasta
paun peacock
pedwar four
peg cotiau coat peg
peintio painting
peiriant golchi washing machine
*****pêl-droed** football
*****pêl-fasged** basketball
pen head
pensaer architect
pensil lliw coloured pencil
petryal rectangle
piano piano
*****pibell ddŵr** hosepipe
pilipala butterfly
pinc pink
pizza pizza
*****planed** planet
planhigyn plant
plât plate
poeth hot
porffor purple
pos jig-so jig-saw puzzle
pot coffi coffee pot
pot paent paint pot
pryf cop spider
prynhawn afternoon
pump five
pwll nofio swimming pool
pyjamas pyjamas
pyramid pyramid
pys peas
pysgod fish (plural)

pysgodyn fish
pysgodyn aur goldfish
pysgodyn trofannol tropical fish

R–Rh
reis rice
*****roced** rocket
rwber rubber
rygbi rugby
Rhagfyr December
*****rhaw** spade
rhedeg running
rhewllyd freezing
rhieni parents
rhifau numbers
rhino rhinoceros

S
sacsoffon saxophone
saer carpenter
saith seven
salad salad
salon trin gwallt hairdressers' salon
sanau socks
*****sbectol haul** sunglasses
sebon soap
sebra zebra
sêr stars
*****seren** star
*****seren bop** pop star
*****sffêr** sphere
*****sgarff** scarf
*****sgert** skirt
sgio skiing
sglodion chips
*****sgriw** screw
sgwâr square
siapiau shapes
siarad talk
siarc shark
*****sied** shed
*****siglen** swing
*****silff lyfrau** bookshelf
silindr cylinder
*****sinc** sink
*****sinema** cinema
siocled chocolate
siocled poeth hot chocolate
*****siop flodau** florist
siswrn scissors
siwgr sugar
*****siwmper** jumper
*****slefren fôr** jellyfish
sliperi slippers
*****soffa** sofa
sos sauce
*****sosban** saucepan
sudd oren orange juice
swnllyd loud
swyddi jobs
syrffio surfing

T
Tachwedd November
taclus tidy
tad father

tad-cu grandfather
taid grandfather
tai teras terraced houses
talcen forehead
tâp mesur tape measure
tatws potatoes
tawel quiet
te tea
tebot teapot
teclyn teledu remote control
tegell kettle
teigr tiger
teisen cake
teithio travelling
teledu television
telesgop telescope
*****telyn** harp
tennis tennis
teulu family
tomato tomato
*****ton** wave
tractor tractor
traed feet
traeth beach
treiglad mutation
trên train
tri three
triongl triangle
trist sad
trowsus trousers
trwmped trumpet
trwyn nose
tŷ house
tŷ bach toilet
tŷ gwydr greenhouse
*****tylluan** owl
tŷ pâr semi-detached house
tymhorau seasons
tywel towel
tywydd, y weather, the

U–Y
un one
un deg dau twelve
un deg un eleven
wyau eggs
*****wyddor, yr** alphabet, the
wyneb face
ŵyr grandson
*****wyres** granddaughter
wyth eight
yfed (to) drink
ymarfer corff exercise
ymbarél haul sun umbrella
ymlacio relaxing
ymolchi (to) wash
ysbyty hospital
*****ysgol** ladder
*****ysgol** school
ysgrifennu stori writing a story
*****ysgubor** barn
ysgwyddau shoulders
*****ystafell wely** bedroom
*****ystafell ymolchi** bathroom
ystlum bat

Saesneg > Cymraeg

A
actor actor
aeroplane *awyren
afternoon prynhawn
alarm clock cloc larwm
alien estronwr
alphabet, the *wyddor, yr
ant morgrugyn
April Ebrill
apron *ffedog
architect pensaer
arm *braich
armchair *cadair freichiau
astronaut gofodwr
athletics athletau
August Awst
aunt *modryb
author awdur
autumn hydref

B
baby babi
back cefn
bad drwg
barn *ysgubor
basket *basged
basketball *pêl-fasged
bat ystlum
bath bath
bathroom *ystafell ymolchi
beach traeth
beautiful hardd
bed gwely
bedroom *ystafell wely
bedside table bwrdd ochr gwely
bee *gwenynen
beetle *chwilen
belly bol / bola
bench *mainc
big mawr
big animals anifeiliaid mawr
bird aderyn
biscuits bisgedi
black du
blue glas
board games gemau bwrdd
boat cwch
body corff
book box bocs llyfrau
bookshelf *silff lyfrau
bowling bowlio
bread bara
breathing deeply anadlu'n ddwfn
brother brawd
brown brown
bucket bwced
builder adeiladwr
buildings adeiladau
bus bws
butter menyn
butterfly pilipala

C
café caffi
cake *teisen / *cacen
canoeing canŵio
car car
car park maes parcio
caravan *carafán
carpenter saer
castle castell
cat *cath
caterpillar lindysyn
cheek *boch
cheese caws
chest of drawers *cist ddroriau
chick cyw
chin *gên
chips sglodion
chocolate siocled
cinema *sinema
circle cylch
clarinet clarinet
clean glân
climbing dringo
clothes dillad
cloudy cymylog
coat *cot / *côt
coat peg peg cotiau
coder codiwr
coffee pot pot coffi
coffee table bwrdd coffi
cold oer
coloured pencil pensil lliw
colours lliwiau
computer games gemau cyfrifiadur
cone côn
console consol
cook cogydd
cooking coginio
cottage bwthyn
cousin cefnder / *cyfnither
cow *buwch
crab cranc
cricket criced
crisps creision
crocodile crocodeil
crow *brân
cube ciwb
cuddle cwtsh
cup cwpan
cupboard cwpwrdd
cycling beicio
cylinder silindr

D
dancing dawnsio
dandelion dant y llew
daughter *merch
day dydd
days of the week dyddiau'r wythnos
December Rhagfyr
deer carw
diamond diemwnt
dictionary geiriadur
digger jac codi baw
dirty brwnt / budr
doctor meddyg
dog ci
dolphin dolffin
dragonfly gwas y neidr
dress *ffrog
dressing up gwisgo lan
drink (to) yfed
drinks *diodydd
drums drymiau
duck *hwyaden

E–F
ear *clust
eat (to) bwyta
Earth, the *Ddaear, y
eggs wyau
eight wyth
elephant eliffant
eleven un deg un
empty gwag
evening *noswaith
exercise ymarfer corff
eye *llygad
face wyneb
family teulu
farm *fferm
farmer ffermwr / *ffermwraig
fast cyflym
father tad
February Chwefror
feet traed
ferry *fferi
finger bys
fire engine *injan dân
fire station *gorsaf dân
firefighter diffoddwr tân
fireplace lle tân
fish pysgod (plural)
fish pysgodyn
five pump
flat fflat
florist *siop flodau
flour blawd
flower blodyn
flowers blodau
flute ffliwt
foggy niwlog
food bwyd
football *pêl-droed
forehead talcen
fork *fforc
four pedwar
fox cadno / llwynog
freezing rhewllyd
French horn corn Ffrengig
Friday dydd Gwener
fridge *oergell
friend ffrind
friendly cyfeillgar
frog broga
fruit ffrwythau
full llawn

G
garden *gardd
gardening garddio
giraffe jiráff

glass gwydryn
gloves menig
go for a walk mynd am dro
goat *gafr
goldfish pysgodyn aur
good da
granddaughter *wyres
grandfather tad-cu / taid
grandmother *mam-gu / *nain
grandson ŵyr
green gwyrdd
greenhouse tŷ gwydr
grey llwyd
guinea pig mochyn cwta
guitar gitâr
gymnastics gymnasteg

H
hair gwallt
hairbrush brwsh gwallt
hairdressers' salon salon trin gwallt
hammer morthwyl
hamster bochdew
hand *llaw
happy hapus
harp *telyn
hat *het
having a bath cael bath
head pen
hedgehog draenog
helicopter hofrenydd
hen *iâr
hexagon hecsagon
hippopotamus hipo
homes cartrefi
honey mêl
horse ceffyl
horse riding marchogaeth
hosepipe *pibell ddŵr
hospital ysbyty
hot poeth
hot air balloon balŵn aer poeth
hot chocolate siocled poeth
house tŷ
husband gŵr

I–L
ice-cream hufen iâ
January Ionawr
jellyfish *slefren fôr
jig-saw puzzle pos jig-so
jobs swyddi
judo jiwdo
July Gorffennaf
jumper *siwmper
June Mehefin
kettle tegell
keyboard allweddell
kitchen *cegin
knife *cyllell
ladder *ysgol
ladybird *buwch goch gota
lake llyn
lamp *lamp
laughing chwerthin
leaf *deilen
leek *cenhinen
leg *coes
leisure hamdden
lemonade lemonêd
lettuce letysen
library *llyfrgell
lifeguard achubwr bywyd
light golau
lighthouse goleudy
lightning mellt
lion llew
lip *gwefus
living room *lolfa
lobster cimwch
long hir
lorry *lorri
loud swnllyd

M
manta ray *morgath neidiol
March Mawrth
market *marchnad
May Mai
mean cas / blin
meat cig
mechanic mecanig
meditation myfyrio
messy blêr
midday canol dydd
midnight canol nos
milk llaeth / llefrith
mirror drych
Monday dydd Llun
monkey mwnci
months misoedd
Moon, the *Lleuad, y
morning bore
mother *mam
motorbike beic modur
mountain mynydd
mouse *llygoden
mouth *ceg
mug mwg
museum *amgueddfa
mushroom *madarchen
musical instruments offerynnau cerdd
mutation treiglad

N–O
nail *hoelen
nature byd natur
nesting box blwch nythu
new newydd
night *nos
nightdress gŵn nos / coban
nine naw
nose trwyn
November Tachwedd
numbers rhifau
October Hydref
octopus octopws
oil olew
oilcan can olew
old hen
one un
opposite words geiriau croes
orange oren
orange juice sudd oren
oval hirgrwn
oven *ffwrn
owl *gwdihŵ / *tylluan

P–Q
paint pot pot paent
paintbrush brwsh paent
painting peintio
panda panda
paper papur
parents rhieni
park parc
pasta pasta
peacock paun
pencil case cas pensiliau
pets anifeiliaid anwes
pharmacy fferyllfa
piano piano
picnic table bwrdd picnic
picture llun
pig mochyn
pillow clustog
pine-cones moch y coed
pink pinc
pizza pizza
planet *planed
plant planhigyn
plate plât
play (to) chwarae
polar bear *arth wen
pop star *seren bop
purple porffor
pyjamas pyjamas
pyramid pyramid
quiet tawel

R
rabbit *cwningen
rainbow *enfys
raining bwrw glaw
reading darllen
rectangle petryal
recycling bin bin ailgylchu
red coch
red squirrel *gwiwer goch
referee dyfarnwr
relaxing ymlacio
remote control teclyn teledu
rhinoceros rhino
rice reis
river *afon
road *ffordd
roads ffyrdd
rocket *roced
rubber rwber
rubbish bin bin sbwriel
rugby rygbi
running rhedeg

S
sad trist
sailing boat cwch hwylio
salad salad
sand castle castell tywod

sandwich *brechdan
satellite *lloeren
Saturday dydd Sadwrn
sauce sos
saucepan *sosban
saw llif
saxophone sacsoffon
scarecrow bwgan brain
scarf *sgarff
school *ysgol
school bag bag ysgol
scientist gwyddonydd
scissors siswrn
screw *sgriw
sea môr
sea food bwyd môr
seal morlo
seasons tymhorau
seaweed gwymon
semi-detached house tŷ pâr
September Medi
seven saith
shapes siapiau
shark siarc
sharpener naddwr
shed *sied
sheep *dafad
shell *cragen
shoes esgidiau
short byr
shoulders ysgwyddau
shower *cawod
signpost arwyddbost
singing canu
sink *sinc
sister *chwaer
sit (to) eistedd
six chwech
skiing sgio
skirt *sgert
sleep (to) cysgu
slide *llithren
slippers sliperi
slow araf
small bach
small animals anifeiliaid bach
snail *malwoden
snake *neidr
snow eira
soap sebon
socks sanau
sofa *soffa
son mab
soup cawl
space gofod
spaceship *llong ofod
spade *rhaw
sphere sffêr
spider corryn / pryf cop
spoon *llwy
sports chwaraeon
spring gwanwyn
square sgwâr
squid *môr-lawes
star *seren
stars sêr

straw gwelltyn
strawberries *mefus
sugar siwgr
summer haf
sun, the haul, yr
sun umbrella ymbarél haul
suncream eli haul
Sunday dydd Sul
sunglasses *sbectol haul
sunny heulog
surfing syrffio
swimming pool pwll nofio
swing *siglen

T
table bwrdd / *bord
talking siarad
tape measure tâp mesur
tea te
teacher athro / *athrawes
teapot tebot
telescope telesgop
television teledu
ten deg
tennis tennis
terraced houses tai teras
three tri
Thursday dydd Iau
tidy taclus
tiger teigr
time of the day adeg y dydd
toilet tŷ bach
toilet paper papur tŷ bach
toolbox bocs twls
toothbrush brwsh dannedd
toothpaste past dannedd
towel tywel / lliain
toy box blwch teganau
tractor tractor
traffic light goleuadau traffig
train trên
train station *gorsaf drenau
travelling teithio
tree *coeden
triangle triongl
tropical fish pysgodyn trofannol
trousers trowsus
trumpet trwmped
T-shirt crys-T
Tuesday dydd Mawrth
turquoise gwyrddlas
turtle crwban
twelve un deg dau
two dau

U–Z
ugly hyll
ukulele iwcalili
uncle ewythr
underwear dillad isaf
vegetable garden *gardd lysiau
vegetables llysiau
vet milfeddyg
violin *feiolin
walk (to) cerdded
wardrobe cwpwrdd dillad

wash (to) ymolchi
washing machine peiriant golchi
wasp *cacynen
watch a film gwylio ffilm
watch TV gwylio'r teledu
water dŵr
watering can can dyfrio
wave *ton
weather, the tywydd, y
web *gwe
Wednesday dydd Mercher
well-being lles
wellies esgidiau glaw
wet gwlyb
whale morfil
wheelbarrow *berfa
white gwyn
wife *gwraig
window *ffenest
windy gwyntog
winter gaeaf
workshop gweithdy
writing a story ysgrifennu stori
writing book llyfr ysgrifennu
yard buarth
yellow melyn
yoga ioga
yurt iwrt
zebra sebra

i Rhodri
for Rhodri
– VL

Published by Dragon Press Ltd
an imprint of Rily Publications Ltd 2023
PO Box 257, Caerphilly CF83 9FL
© Dragon Press Ltd 2023

ISBN 978-1-80416-273-6

Text © Valériane Leblond, 2023
Illustrations © Valériane Leblond, 2023
Pronunciation guide © Richard Tunnicliffe, 2023
Design by Tanwen Haf

All rights reserved. No part of this publication may be reproduced, stored or transmitted in any form, or by any means, without the prior permission of the publisher.

Printed in China.

dragonpress.co.uk